AF370408

FRAGMENTOS DE TIEMPO

Atahualpa López Moreno

EDIQUID

FRAGMENTOS DE TIEMPO

© Atahualpa López Moreno

Editado por: Corporación Ígneo, S.A.C.
para su sello editorial Ediquid
Av. Arequipa 185 1380, Urb. Santa Beatriz. Lima, Perú
Primera edición, agosto, 2023

ISBN: 978-612-5112-35-4
Impresión bajo demanda

Hecho el Depósito Legal en la Biblioteca Nacional del Perú N° 2023-07343
Se terminó de imprimir en agosto del 2023 en:
ALEPH IMPRESIONES SRL
Jr. Risso Nro. 580 Lince, Lima

www.grupoigneo.com
Correo electrónico: contacto@grupoigneo.com
Facebook: Grupo Ígneo | Twitter: @editorialigneo | Instagram: @grupoigneo

Colección: Nuevas Voces

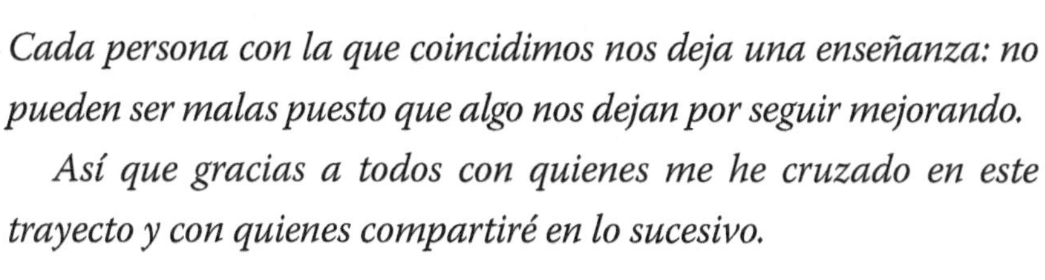

Cada persona con la que coincidimos nos deja una enseñanza: no pueden ser malas puesto que algo nos dejan por seguir mejorando.

Así que gracias a todos con quienes me he cruzado en este trayecto y con quienes compartiré en lo sucesivo.

1

¿Cómo será esta pista?
Una nueva perspectiva
donde empieza este solista
con otro punto de vista.

Es una nueva aventura,
algo que me emociona,
puede traer mi fortuna
o puede ser mi sepultura.

¿Quién iba a pensarlo,
cómo acaso imaginarlo,
que en medio de un portazo
llegaría este flechazo?

Suena a un gran reto
empezar algo de cero,
a pesar de que el argumento
estaba dentro del cerebro.

Y si lo matizo de otro modo,
solo para tener decoro,
ya no sería el trasfondo
que me trajo a este escritorio.

Siempre será mejor ser honesto
para expresar todo lo que siento,
aunque a veces me detesto
por tratar de agradar al resto.

No quiero sonar embustero
solo por crear este texto
que sale de mis adentros
para calmar los aguaceros.

Todos tenemos miedos.
Depende de cómo los enfoquemos
para saber hacerlos pequeños
y hacer realidad nuestros sueños.

Así comienza este viaje
lleno de expectativas salvajes,
queriendo olvidar el peaje
y mejor disfrutar del paisaje.

Dejemos que siga la luna
con ese brillo que deslumbra,
que ilumine esta casa en penumbras
y ahogue todas mis penurias.

2

El primer tramo del paseo
ocurre al fondo de un desvelo,
que parece se encuentra preso,
dando vueltas como en un agujero.

Camino solo y con miedo,
sin poder hallar el sendero
por el cual retomar aquello
que da valor a mi universo.

La vereda se hace siniestra.
Pareciera que alguien acecha.
La mente se doblega
y se hace carente de fuerza.

El seguir caminando
vuelve el paso apresurado.
Me siento trastornado
por no encontrar resultado.

La noche me agobia.
El silencio una sonrisa esboza.
La niebla me hace su presa.
La desesperación se adueña de mi cabeza.

Al calor de la situación,
me obligo a soltar mi voz,
respiro por convicción,
grito desde el fondo de mi interior.

Caigo al suelo de rodillas.
La brisa se hace más fría.
Siento gran agonía,
pero no permito que de mí se ría.

Como por arte de magia,
veo una luz que me abraza.
Dudo si será mi esperanza
o acaso la muerte que me alcanza.

Aturdido con lo que pasa,
me levanto con la cabeza alta
deseando saber lo que me depara
buscar de nuevo el camino a casa.

Avanzo de forma franca.
Siento que nadie me para.
Mi alma ya no se estanca
al borde de aquella cloaca.

El sueño rompe el hilo.
Realidad sin hastío,
desnudo y sin frío,
creando un nuevo mito.

Paradigmas fuera de mi esfera,
ahora rompiendo esquemas,
preparando otras metas
destinadas a mi grandeza.

Así esta historia comienza,
pasando momentos de tristeza,
mas superando con entereza
las dificultades de la conciencia.

3

Hablando de bajones,
momentos de meditaciones,
siempre encontrarás opciones
que determinen tus acciones.

No se trata de perfeccionismo,
tampoco es ser sumiso,
solo hay que buscar ser conciso
con la decisión que uno quiso.

A veces, es por impulso,
otras más por iluso.
Quizá fue lo que alguien dijo
que te hizo ser indeciso.

No siempre uno acierta,
sin embargo, esa es la meta.
Pero, como en toda carrera,
encontrarás alguna barrera.

En un principio, nadie sabe
qué es malo y quién amable,
hasta que después el tiempo hable
y dé su veredicto inexpugnable.

Uno siempre piensa
que actuará con prudencia,
confiando que la experiencia
apoye nuestra torpeza.

No es bueno aferrarse
a que uno a veces falle
y por esos detalles
tire todo a la calle.

Hay que saber ser aprensivo
para cuando pierdas el tino,
y optar por el lado positivo
construyendo un mejor camino.

Si todo saliera perfecto,
¿cómo apreciar el momento
de proponerte un nuevo reto
y querer ser mejor que el resto?

Hay que buscar apreciar
el valor que se nos da
cada vez que, por errar,
tienes que volver a empezar.

Son pequeños sazones de la vida
que no la hacen monótona y aburrida,
aunque te hagan tragar saliva
por no salir como querías.

Es difícil aceptarlo,
más si eres obstinado,
pero nada ganas llorando,
mejor aprende a manejarlo.

No es que seas conformista,
hay que tener más puntos de vista.
Siempre existen perspectivas
cuando descubres el resto de las aristas.

Lucha por tus sueños,
aprende de tus desaciertos,
y sé consciente de que esto
te puede llevar lejos.

4

Es cierto que hay momentos
en que nos sentimos perdidos,
que salimos del camino
y olvidamos el objetivo.

A veces, eso nos frustra.
Pero ¿por qué te asustas?
¿Quién dice que no te ayuda
a conseguir lo que buscas?

Se dice que es de sabios cambiar
y no está de más volver a empezar.
Uno no sabe lo que pueda pasar
hasta que decides intentar.

Y si cambiamos el estilo,
puede que sea un beneficio
por lo menos haber sabido
que estaba en tu destino.

Para qué arrepentirnos
cuando no tiene sentido
aprender de lo sucedido
Y renegar por haber crecido.

Es como cuando niños:
aprendimos a dar pasitos,
temerosos al principio,
pero seguros de nosotros mismos.

De eso se trata cada día:
estar dispuesto a, con alegría,
aceptar los retos de la vida
y decirle «sí pude», con una sonrisa.

No hay mayor satisfacción
que haber vencido un temor,
dar la vuelta a un gran error,
pasar página y aprender la lección.

Así como también tiene su sazón
superar una depresión,
la amargura de un desamor,
llorar solo en tu habitación.

Es tan bello ese momento
en que ves que todo es perfecto,
así como el lado opuesto
donde entiendes lo incorrecto.

Y así, con todo esto,
es como vas creciendo,
madurando y siendo recto,
a pesar de las opiniones del resto.

Vivir en cabeza ajena,
algunas cosas valen la pena,
ya que no es dable a la cuenta
pasar por lo que nada bueno te deja.

5

Parece que todo se abre
cuando te sientes indomable,
hasta que un golpe deshace
tu espíritu inquebrantable.

El chiste de esto radica
en cómo afrontas el día,
si te sacudes y respiras
o te hundes en agonía.

Tampoco se trata
de que te sientas una rata,
a todos nos pasa
querer aventar la toalla.

Pero, dentro de todo, es normal.
El sol también se tapa
para volver a brillar
o en la luna su luz reflejar.

Cuánta hermosa verdad
existe cuando tu luz se irradia en alguien más,
y tu legado siempre será
lo que de ti se queda en los demás.

Prefiero ser luz a ser sombra,
aunque eso implique
el dolor de la llama emprendedora.

Aún recuerdo la inspiración
que motivó la frase anterior
en aquellos momentos de dolor
y que sanó mi corazón.

Se volvió motivación,
así como instantes de desilusión,
al ver que no entendían mi voz
y terminaron por decir adiós.

Cuán gratificante es
saber que haces el bien
sin importar a quién
como me dijeron alguna vez.

Todo puede salir al revés,
pero tú sabes que lo hiciste bien
cuando más adelante puedes ver
que te agradecen de pie.

Eso da más alegría,
que tener una casa vacía,
o una vida de fantasía
repleta de vanas utopías.

No dejes nada a la suerte
ya que eres tu propio referente,
mejor siempre sé consciente
de que hay que avanzar de frente.

Así como aquel abrazo «sincero»,
que terminó en un agujero,
porque aquel amigo «verdadero»,
resultó ser chapucero.

6

«No te deseo suerte,
porque ya la tienes;
te deseo éxito,
que es lo que mereces».

¡Vaya frase de un amigo,
a quien le tengo tanto cariño!
Qué triste fue su destino,
que ahora ya no está conmigo.

Sin embargo, no es una pena,
tampoco será mi condena.
Simplemente fue otra escuela,
que dejó una pequeña secuela.

Es un pequeño homenaje
para este gran personaje,
que siempre mostró coraje
y me dejó un buen aprendizaje.

De cada persona se aprende,
a veces más de lo que parece.
Por eso, nunca desaproveches
lo bueno y malo de quien está enfrente.

Se sabe que es muy trillado
rendir homenaje al enterrado
teniendo el tiempo necesario
para hacerlo antes de haber marchado.

Mejor valora el presente,
poder convivir con tu gente,
para que, al estar ausente,
su recuerdo alegre tu mente.

Y así vamos avanzando,
subiendo cada peldaño,
evitando hacer daño
a la gente que está a nuestro lado.

Y así seguiremos contando
historias para no ser olvidados,
tallando en el tronco del árbol
las cosas que nos van marcando.

Algunas serán de colores,
otras tendrán nubarrones,
quizá habrá otras peores,
pero siempre existirán mejores.

Por eso, sonríe a la muerte
y no tengas miedo a la vida,
que, a veces, por querer ser fuerte,
te hundes en la melancolía.

7

Y así continúa la travesía,
al filo de una sonrisa,
bajo una lluvia fina,
esperando esa caricia.

El sabor de cada día,
esa incertidumbre del mañana,
lo áspero de la madrugada,
besando tu melancolía.

Cuán efímera es la vida,
que al acecho está de tu alegría
para ponerte una prueba fría
donde valores tu agonía.

Esa imagen del hospital,
lugar al que no quiero regresar,
a menos que sea por felicidad,
de una vida que esté por empezar.

Sin embargo, es la enfermedad,
curiosa aliada celestial,
la que te enseña a valorar
a quien te aprecia de verdad.

Qué fácil es estar en la fiesta,
que alguien comparta tu mesa,
pero qué sensación de pena
cuando nadie a tu cama se acerca.

¿Aun así los llamas amigos?
¿Acaso no te aprecias a ti mismo?
¿Será que, en serio, nunca has visto
que solo fue un espejismo?

Sin embargo, parece instinto
que, cuando te dicen «te necesito»,
vuelves a caer redondito
en el juego del oportunismo.

Sé que lo haces de corazón,
que te ayuda a ser mejor.
Sin embargo, tuyo será el «error»
cuando digas un simple «no».

Y así es como vas aprendiendo,
diferenciando algunos del resto,
con quién vale ser sincero
y a quién no dedicarle tiempo.

Tal vez solo llegues a estar
en algún momento de analizar
que no todo el que a tu lado está
tiene intención de ayudar.

Si te llega a tocar
únicamente con tu sombra andar,
no tienes por qué llorar,
ya que es tu compañera leal.

Mejor aprende a valorar
a quien se quiere quedar,
velando tu adversidad
sin nada a cambio esperar.

Eso te debe motivar
a siempre ir por más
razones para entonar
cantos de felicidad.

No te dejes llevar
por días de oscuridad,
ya que siempre los habrá
como parte de la dualidad.

Es preferible tratar
de una sonrisa esbozar,
quitarte el polvo al levantar,
y seguir de frente tu peregrinar.

No hagas de tu vida una cruz,
cuando bien puedes ser luz.
Eso sí lo decides tú
para llegar tranquilo al ataúd.

8

Son así esos instantes
en que tu mundo se vuelve frágil,
duros momentos distantes
donde dejas de ser ágil.

Cuando vuelves la vista,
a pesar de estar bajo llave,
a esa triste noticia
que causó en ti un deslave.

Sientes que solo fue un sueño,
una broma pesada del destino,
que no eres un niño pequeño
al que nada más falló el tino.

Valoras el seguir vivo,
caminas a paso ligero,
disfrutas jugar al olvido
en medio de un aguacero.

A veces, incluso preguntas
cosas que no merecen la pena,
pues solo a tus miedos alientas
a creerte en una condena.

Quizá no fue fácil
haber superado aquel trance,
pero tienes un lápiz
para contar tu avance.

De cualquier modo, sucedió.
Ahora ya eres mayor.
Solo recuerda que ya pasó
y trata de ser mejor.

Está en tus manos aprender.
Vuélvete un ejemplo a seguir.
No dejes tu mente caer
y no tengas miedo a volver a sentir.

Empaca muy bien tus demonios,
que no quieran manejar tu camino,
aprovecha ahora que están dormidos,
y aléjalos un tiempo de tu destino.

Así, avanzando veremos,
que no siempre es cierto
que el fuego con que arden los leños
mantiene su calor eterno.

A veces, el hielo te quema.
En otras, te enfría un abrazo.
Pero no olvides que, aun en la sequía,
no hay nada del todo escaso.

<(29)>

9

Y así vamos, paso a paso,
dejando huella en el sendero,
antes de que vuelva el ocaso
o caiga un nuevo aguacero.

Entonces, pones todo en perspectiva:
si vas en la dirección correcta
o si estás en vía prohibida,
dándote vueltas la cabeza.

Buscas algún soporte,
alguna señal o un amigo
que haga que te reconforte
el hecho de sentirte querido.

En ocasiones, sientes no tenerlo
porque no hay cerca ni un alma,
o tal vez crees no merecerlo
por llorar solo en tu cama.

No agaches la cara y avanza,
pues no todo es lo que parece.
Debes tenerte confianza,
ya que tu interior te fortalece.

Nunca dudes de ti mismo
y omite las críticas de los demás,
pues eres tu mejor amigo
y con determinación triunfarás.

Si un día te hallas perdido,
siéntate un poco a descansar,
que tu alma recobre su brío,
pero nunca dejes de intentar.

Yo sé que suena fácil lo que digo,
y, sin embargo, es la verdad,
porque ya recorrí parte del camino,
y sí lo pude superar.

Aunque a ratos te sientas vencido,
pon tu mente a reflexionar,
que vale la pena lo sufrido
si quieres el éxito saborear.

También sé que hay días pa'l olvido,
pero te sirven para recordar
que no todo está perdido
cuando al fin regresas a tu hogar.

Si todo fuera sencillo,
cualquiera lo podría lograr.
Este viejo estribillo
nunca podemos olvidar.

¿Hasta dónde quieres llegar?
¿O qué meta te pondrás?
Cuando el cielo puedes tocar
o viajar en aquella estrella fugaz.

10

Cuando el pecho te arde,
volcán en erupción,
sientes ese coraje
en lo profundo de tu corazón.

Y vas soltando equipaje
a cambio de alguna emoción
que te deje en un paraje
con una nueva ilusión.

Disfruta de todo trayecto
aunque puedas sentir frustración.
Perfecto no es todo proyecto,
sin embargo, genera satisfacción.

Así transcurren los días,
en medio de la indecisión.
El alba puede ser fría
y la luna darte calor.

No todo es lo que parece,
así que camina con determinación.
Puede que un viernes 13
se vuelva una bendición.

No tomes todo a pecho.
Una mentira causa dolor,
pero puede dejarte maltrecho
una verdad con mala intención.

No hables para complacer.
A nadie tienes que demostrar
que eres capaz de vencer
si estás dispuesto a triunfar.

Tú eres tu mayor motivo,
pero no olvides a quien te aprecia,
pues te ayuda a seguir vivo
cuando la tormenta arrecia.

Ten claro tu objetivo.
Nunca pierdas la cabeza,
siéntete orgulloso del que vino
y no se aprovechó de tu grandeza.

Amigos son muy pocos,
conocidos comparten tu mesa,
que luego se vuelven lobos
queriendo robar tu riqueza.

Y no me refiero al dinero,
porque puede estar vacía tu cartera,
pero sí al sentimiento verdadero
de pertenecer a tu vida entera.

Así te vas dando cuenta
de que existen muchos disfraces
y que no vale la pena
lamentar esos desaires.

11

Así es como avanzan los días
entre imágenes de lluvia fría,
queriendo olvidar la ironía
de no saber qué hacer con tu alegría.

Y así pasa el tiempo,
jugando al misterio
con aire aventurero,
queriendo ser vaquero.

De igual modo, la tristeza
hace aparición en la escena,
posándose en tu cabeza,
bebiendo una cerveza.

Entonces, tus sentimientos
se quieren tornar traicioneros,
pues quieren ser los primeros
en sacudir tus cimientos.

Nadie aseguró que así sería
enfrentarte con valentía,
a ese miedo que un día
albergó a tu cobardía.

Pero no puedes rendirte.
No es a lo que viniste.
No importa que estés triste,
debes de volver a erguirte.

Por mucho que eso duela,
no se volverá tu pena,
si permites abrir la puerta
a la felicidad que ya te espera.

Acepta a quien te da la mano.
No todo mundo es malo,
y es mejor tener a tu lado
a alguien que atienda tu llamado.

Es válido hacer méritos,
aunque todo tenga riesgos.
Nada merece descrédito
cuando enfrentas tus miedos.

Nunca te rindas y sigue adelante
para que no te digan farsante.
No entenderán tu desgaste
porque no saben lo que caminaste.

Aunque la duda tortura,
la victoria perdura.
Mejor quita la amargura
y deja que todo fluya.

12

Podrá parecer sencillo
vivir la vida en estribillo,
hasta que agarras un martillo
para acomodarte un tornillo.

Y así es como te percatas
de que has cometido muchas faltas,
que a veces andas a gatas
porque no tienes una de tus patas.

Encuentras otra perspectiva
donde poder hallar salida,
por gritar te quedas sin saliva
hasta que la noche se hace día.

De nuevo, empiezas a reflexionar
qué pudiste haber hecho mal.
Quieres escapar de la realidad,
sientes que ya no puedes más.

Sin embargo, es otra lección
que te ayuda a ser mejor.
Se convierte en tu opción
si eres capaz de aceptar un error.

No creas que eres víctima
porque el mundo se cae encima,
o por perder tu autoestima
justo antes de tocar la cima.

Valora ahora cada gota de sudor,
ya que conociste el dolor,
y que puede ser peor
si no lo afrontas con valor.

Vuelve a empezar desde cero,
agarra un nuevo crucero,
no importa que venga otro aguacero
si eso forjará tu anhelado imperio.

No todo es por arte de magia,
menos cuando invade la nostalgia.
Mejor vestir con elegancia
frente a los designios de la galaxia.

Recuerda no dejar de aprender,
pues, aparte de ser un placer,
siempre motiva a crecer
y lograr ser mejor que ayer.

No importa las veces que falles
o que te avienten a las calles,
mientras sepas lo que vales,
no dejes de pelear por tus ideales.

13

A veces la mente da vueltas.
Sientes que, por mucho que intentas,
parece que no te acercas
a esa meta que tanto anhelas.

Mas no permitas que pase
lo amargo de ese trance
a afectar todo tu avance
sin antes darte el chance.

No siempre salen a la primera
los planes como uno espera.
Sin embargo, recuerda que la vereda
se llena de flores en primavera.

Recuerda que siempre el sol sale,
aunque la oscuridad te atrape,
ahí estará para calentarte,
a pesar de que el mundo te deje aparte.

Abre los ojos y quédate atento
que la oportunidad es un momento,
si el sueño te agarra despierto,
tal vez no haya un segundo intento.

Piensa bien lo que quieres,
valora todo lo que tienes,
trabaja en cómo lo obtienes,
no te rindas hasta que lo aprietes.

En caso de no conseguirlo,
reconoce tu optimismo,
pues has transitado un camino
que te ha hecho distinto.

Será necesario volver a empezar,
tal vez alguna cosa modificar,
pero nunca dejes de intentar
tus metas poder alcanzar.

Tomar un respiro tal vez
dentro de tu estrategia de ajedrez,
para establecer lo que ves
y no hacer las cosas con los pies.

Saca lo mejor de ti,
no dudes en ser feliz,
que si has de partir
haya valido la pena existir.

14

Existen tempestades desastrosas,
miles de vidas maravillosas,
muchas verdades mentirosas,
algunas narraciones fabulosas.

Cada una tiene su motivo,
aunque parezcan sin sentido,
es parte de lo que hace sentir vivo
a tu corazón en cada latido.

No dejes de maravillarte,
ahí radica el detalle,
ya que todo es arte
capaz de deslumbrarte.

Siéntete un niño pequeño
al que todo le parece inmenso,
y que puede hacer que un sueño
se impregne en lo blanco de un lienzo.

Qué lástima que, cuando crecemos,
y vamos explorando otros terrenos,
la mayoría, de algún modo, perdemos
esa capacidad de sorprendernos.

Mas nunca es tarde para empezar
Poco a poco recordar,
lo lindo que se siente soñar
con tener alas y poder volar.

La fuerza de la imaginación,
lo profundo de tu respiración,
la alegría de una canción,
lo eterno de una emoción.

Ese abrazo de un amigo,
las palabras de un ser querido,
la experiencia del que está contigo,
la incertidumbre de un desconocido,

son situaciones en tu historia
que se funden en tu memoria,
y son capaces de llevarte a la gloria
o que te hacen cambiar la trayectoria.

No dejes de ser valiente,
aunque sientas que vas a perderte,
siempre es mejor ser fuerte
y nunca te permitas rendirte.

15

Cómo aprender a perdonar,
si me odio a mí mismo,
cuando nunca he sabido amar
y estoy perdido en un abismo.

Es con lo que me lío cada día
en una dura batalla interior
que me sucumbe en agonía
cuando me siento alguien inferior.

A veces, es más llevadero
cuando el triunfo lo lleva la razón,
pues aleja de mi cabeza el aguacero,
permitiendo brillar al sol.

El dolor, cuando es por dentro,
al no verlo, es más fuerte,
ya que surge desde tu centro
y no alivia el decírselo a la gente.

En su momento, somos Garrick,
mostrando una sonrisa al exterior,
pretendiendo ser cada uno feliz,
pero llorando en el interior.

Es curioso cuando te preguntas:
¿qué será lo que ven cuando me miran?
Si vives atado a sus respuestas,
donde no sabes lo que imaginan.

Pero ahí no está la clave,
porque tienen sus prejuicios,
básicamente tú eres la llave
cuando te quitas de tus vicios.

Esas noches de insomnio
que continúan tu debate,
hacer las paces con tu demonio,
o tirar un jaque mate.

Sentado frente a la botella,
también aparece tu ángel,
en esa fugaz estrella
llevándose entera tu cárcel.

A veces, el viaje sin trance,
prohibido en sabor de otro néctar,
que logra que todo se pase
al tiempo que olvidas tus penas.

16

También es cierto que cuesta hablar,
porque no siempre te sabes expresar,
o en ocasiones llegas a otros dañar,
ya que tus palabras no sabes sopesar.

Entonces, guardas silencio,
llenando un vacío inmenso
con un dolor tan intenso
que rompe tu universo.

Callado lloras a gritos,
sintiendo los días malditos
con los ánimos fritos,
perdido entre laberintos.

¿Crees que solo tu espíritu
vaga errante por ahí, sin su
otra parte con quien ser luz,
en medio del cielo azul?

A veces, nos gana el egoísmo,
pensar que todo es uno mismo,
olvidando que, en este espejismo,
no únicamente está tu abismo.

Todo ya que te ciegas,
a ver nada más tus penas,
cuando hay otras vidas
que andan siquiera sin reglas.

Pero ¿qué pasaría
si, por curiosidad, un día,
liberas toda esa energía
que se ha vuelto negativa?

Si sueltas todo tu interior,
eso que frena tu motor,
lo que te roba el calor,
y te llenas de amor.

Quizá entonces sea más fácil
que tomar una hoja y lápiz,
con el fin de hacer más ágil
alejar un poco lo que tienes frágil.

Sé que no será sencillo,
seguir los consejos de Pepe Grillo
después de ser un pastorcillo,
apostando a un gran novillo.

Así has manejado la costumbre
de callar cuando arde la lumbre,
en medio de tanta podredumbre,
y que, poco a poco, te destruye.

Confía en alguien y suelta
la mochila tan llena de piedras,
que tu alma se sienta contenta
al saber que, al fin, se confiesa.

No importa si dura la tregua
mil noches o una en vela,
con tal de que tu mente emerja,
dispuesta ante una nueva afrenta.

17

Siempre habrá un alma dispuesta
a alumbrar en medio de la tormenta
a todo aquel que manifiesta
deseos de jugar su siguiente apuesta.

Con esto me refiero a luchar
contra aquello que te impide avanzar,
o aquel que te quiere retar
a tus metas no poder alcanzar.

A veces, podrá ser un amigo;
en ocasiones, quizá un desconocido
quien te guíe en el camino
o en trayectos hacia tu destino.

Si merece la pena,
será dura la cuesta,
pues hay que estar alerta
por lo que se ofrezca.

A esos ángeles debemos
muchos momentos buenos
dentro de tiempos feos
para así no perdernos.

La mente es muy fuerte
para tumbarte o sostenerte,
pero también hay que ser valiente
ante los golpes de la gente.

No hay nada más satisfactorio
que haberlo hecho tú solo,
venciendo a ese demonio
que amenazaba tu territorio.

Nunca des la vuelta
a aquel que te detesta,
porque su actitud funesta
a tu alma es a la que afecta.

Mejor sigue tu objetivo
muy a pesar del ruido,
porque, si no, el vacío
reclamará el tiempo perdido.

Nunca pierdas tu esencia
por mucho que eso duela.
El agua puede tallar una piedra
y tu cabeza limpiar tu conciencia.

18

Cuando parece que ya nada importa
y que todo se va por la borda,
siéntete como una gaviota
volando por toda la costa.

Si sientes que ya no puedes,
y el fango frena tus pies,
el frío destempla los dientes
y estás seguro de no volver.

Hay días en que amanece nublado
y tu espíritu está quebrado,
en que piensas no haber despertado
o tener alguien a tu costado.

La vida ahí no termina,
solo siembra otra semilla,
y no dejes que la arcilla
triunfe y bese tu mejilla.

Tal vez parezca que el mundo se olvidó de ti;
sin embargo, no es motivo para sufrir.
Se llora en el momento de parir,
a pesar de ser un momento feliz.

Aun con el viento en contra,
siempre hay pasión que desborda,
mucha bulla que alborota,
felicidad que no se agota.

De niños queremos crecer,
para que más tarde pidamos volver,
a partir de nuevo el pastel
y jugar tirados sobre el mantel.

A veces, crees que no volverá,
que el viento a tu favor no soplará,
que el destino escrito está
y que ha condenado tu felicidad.

Sin embargo, el aire se lleva las nubes,
la noche descansa tus cruces,
el sol alumbra tus grises,
solo hace falta que lo matices.

Recuerda que no hay pena eterna
por mucho que desfallezcas.
Hay días de solo grescas
y noches de luna llena.

19

¿Que cómo sobrevivo
en medio de tanto lío,
sin encontrar sentido
entre cada respiro?

¿Que cómo puedo ser ejemplo
si no sé cómo serlo,
pero siento algo por dentro
que me motiva a entenderlo?

¿Que cómo no he muerto,
perdido en mi tormento,
después de tanto intento
y aturdido en mi pensamiento?

¿Que de dónde saco energía
para procurar una sonrisa
cuando mi alma está vacía
y me falta una caricia?

¿Que cómo toqué la cima
al borde de la cornisa,
si todo fue deprisa,
y, según, no lo merecía?

¿Que de dónde tengo valor,
para luchar contra el temor
cuando me ahogo en calor,
y a veces no sé quién soy?

¿Que cuál es mi certeza
si soy un rompecabezas
que no encuentra sus piezas
y le faltan más fuerzas?

¿Que por qué no me he ido
a perderme en el exilio,
si demasiado he sufrido
y todo se encuentra perdido?

¿Que si me creo mejor que ellos,
cuando no he llegado tan lejos,
y solo vivo de recuerdos
o que solo son sueños?

¿Y si acaso tienen razón,
y solo soy un polizón
que no sabe pedir perdón
aunque acepte su error?

¿Y por qué no viven su vida
y dejan que fluya la mía
y que el tiempo decida
quién se queda en agonía?

No soy perfecto, lo acepto.
Tal vez tampoco el resto,
pero trato de vivir contento
en medio del dulce sufrimiento.

No son celos ni envidia,
más bien me da apatía
que quieran arruinar mi día,
con su falsa valentía.

21

Va continuando el trayecto,
a veces entre el desierto,
otras a fuego lento,
quizá algunas sin argumento.

Pasa la vida y la gente se va.
Habrá quien nunca se marchará.
Alguno más tarde llegará.
Cada uno su lección dejará.

Habrá marcas y cicatrices,
momentos tristes y felices,
días soleados y nubes grises,
pero todos echarán raíces

Las cosas buenas que se queden,
las malas que se alejen,
pero que todas te enseñen
a valorar cómo se obtienen.

No tomes todo a pecho,
no siempre estás en tu derecho,
pues aunque sea su dicho,
cada uno lo ve desde su nicho.

Mejor disfruta en la Riviera,
cuando tu voluntad quiera,
con el ritmo de otra cadera,
o a solas sin compañera.

Es bueno guardar recuerdos
para abatir malos tiempos,
pero no te aferres a ellos
tanto que ahoguen tus sueños

Aunque sea difícil soltar,
llegará el momento de saltar,
tomar tus alas y volar,
y atrás no volver a mirar.

Si piensas solo en tu sufrir,
¿cómo pretendes sentir?
Si ahora quieres morir,
haz que valga la pena vivir.

22

Si crees que no hay aciertos
por ver solo los malos momentos,
y te ofuscas ante ellos,
¿cómo pretendes vencerlos?

De qué sirvió haber vivido
durante tu andar caído,
y nada parece tener sentido
en este profundo abismo.

Busca una razón para seguir,
algún sueño por perseguir,
metas que tengas que cumplir,
una caricia con quien compartir.

No todo tiene que ser material,
termina volviéndose superficial,
incluso puede llegar a ser fatal
si te aferras a todo lo banal.

Es rico un trago con amigos,
un paseo en lugares desconocidos,
el calor de un abrazo en días fríos,
la magia de sentir que estamos vivos.

Incluso en el dolor hay vida,
pues tienes chance de sacar tu ira
manejando en forma positiva
esa espina que te cautiva.

No todo tiene que ser malo.
Uno mejora después de un fallo,
y, aunque la vida golpee con palo,
sé que puedes con ese obstáculo.

Puede tal vez ser difícil,
procura no ser tan frágil,
para que, en forma sutil,
lo hagas ver fácil.

Con la mirada de frente,
enfoca siempre tu mente
para que el murmullo de la gente
no genere un eco fuerte.

Quizá no te quieran ver arriba.
No malgastes tu saliva
con gente improductiva
que quiere arruinar tu vida.

23

Y entonces fue cuando opté
por tomar aire y me senté
a la orilla del camino y medité
acerca de todo lo que dejé.

Las cosas por las que sufrí,
los días en que me perdí,
las veces que me rendí,
los momentos que no estuve ahí.

Así formé un recuento
de parte de mi tormento,
que ahogó mi sentimiento
en cada día de lamento.

Pero, al pensar en perspectiva,
noté que cada día amanecía,
y que, mientras hubiera vida,
sabía que por mí lucharía.

A veces parece fácil
dejar que fluya el lápiz.
Lo puedes hacer dócil,
sin embargo, también es frágil.

A veces creo que pienso mucho,
que, en ocasiones, ya ni me escucho,
que lloro cuando me ducho,
y se ha gastado mi último cartucho.

Sin embargo, también pasa,
que te ahogas si no descansas.
Tu alma, que pide otra chanza,
entre la tempestad que avanza.

Y aunque sé que lo pensé:
abandonar todo lo que busqué,
confío en que no me rendiré
hasta saber que lo logré.

Eso ocurre cuando siento
que no soy como el resto,
y me esfuerzo en todo momento
aunque tenga cara al cemento.

Y todo vuelve a dar vuelta
una vez alcanzada la meta,
empezar una nueva afrenta,
entrar deprisa a la tormenta.

24

Sé de dónde vengo, aunque a veces no sé a dónde voy.
Solo sigo el llamado de mi voz interior,
haciendo lo que debo conforme a lo que soy,
y tratando de mejorar a cada paso que doy.

Es algo que molesta a la gente
cuando uno trata de ser diferente
y procuran cruzarse de frente
para ver si te tumban un diente.

Pero, para qué les hago caso,
si ellos son su propio fracaso,
y se apagan en el ocaso,
pidiendo como niños un abrazo.

Continúo mi camino ante el alba,
buscando que se salve mi alma,
y que no quede jamás olvidada,
que ya tengo suficiente con mi almohada.

Aunque es complicado ser constante,
en esta realidad tan cambiante
procuro no volverme distante
para poder disfrutar cada instante.

Quizá es posible que creas
que tengo las manos llenas,
hablando de mis cosas feas,
endulzándolas con palabras bellas.

Lo cierto es que no es así,
que también me cuesta seguir,
aunque en apariencia sea feliz,
hay momentos donde tuve que sufrir.

Puede que sea normal
hasta cierto punto pasarla mal.
Sin embargo, no será el final
porque todo habrá de mejorar.

Esa es parte de mi convicción,
hacer las cosas con pasión,
dejar todo hasta el corazón,
o incluso perder la razón.

Si de todos modos me van a criticar
porque mi conducta no les va a gustar,
les daré de qué hablar,
acerca de cómo me pueden criticar.

Porque yo sigo de frente,
no es que sea muy valiente,
pero tampoco soy indiferente
a estancarme eternamente.

25

Si lloro de emoción,
es porque sé del dolor
que desborda la pasión
por tratar de ser mejor.

Y, aunque a veces me desgarre,
y sienta que ya no tengo agarre,
y que en pedazos me desarme,
habré de encontrar adónde aferrarme.

Puede ser algún recuerdo,
algo que me mantenga cuerdo,
tal vez sueñe despierto
alejándome del desierto.

Quizá sea una falacia
que viva en esta estancia,
donde guarde mi distancia
alejado de esta galaxia.

Tal vez sea mi imaginación,
en sueños de aquella estación,
donde se ahuyenta mi voz,
cortada con una afilada coz.

Quizá sea que me perdí
en tiempos que ya viví
y ya no pueda sentir
más deseos de morir.

Así se alarga la tristeza
en medio de aquella grandeza,
que más bien parece pobreza,
teniendo tanta riqueza.

No sé cómo salga a flote,
si ya no tengo un soporte,
pues he roto el picaporte
ocultando mi pasaporte.

Entonces se va el amor,
alejándose del sillón,
corriendo, buscando un favor,
escondido en medio del buzón.

Sale corriendo la vida,
escabulléndose de la herida
que no deja más salida,
arraigándose a lo que me pida.

26

Solía hablar del amor
envuelto en mucha emoción,
incluso si había dolor,
hasta cuando sentía desilusión.

No es que se haya ido,
aunque esté malherido,
solo que se ha escondido
para pasar desapercibido.

Que si vivo en fantasías
debe ser por mis tonterías,
y si llegan algunas alegrías
«Tal vez no te lo merecías».

Y es que es el romance
eso que te deja en trance,
sin saber si te dará chance
de poder conseguir un avance.

Y, aunque no sea mi objetivo,
Me hace sentir vivo,
dejando de lado lo negativo,
que a veces es el frío.

Tal vez aquella intensidad
que calmó una vez mi ansiedad,
y que vino a curar mi soledad
se haya llevado mi dignidad.

Puede que se haya burlado de mí,
aunque yo nunca lo ofendí,
pero, a pesar de que lo conocí,
ha sido de lo mejor que viví.

A pesar de dejarme en pedazos,
y haber perdido los pasos,
guardo con cariño los abrazos
que me hicieron volar aquellos años.

Si no lo busco con prisa
es porque espero una sonrisa
que me aleje de la cornisa
donde voy empujado por la brisa.

Puede que en la noche no esté el sol,
y que en mi cama no sienta calor,
pero aún sueño con la sensación
de quedar envuelto en fulgor.

27

Y a veces me siento pequeño
dentro de este inmenso sueño,
donde siento que no soy mi dueño,
a pesar de que en ello me empeño.

Pues parece que la vida no quiere
que mi barco libre navegue
en medio de toda esta nieve,
perseguido como una liebre.

Y es que todo sale tan mal
que me siento lleno de sal,
ahogado en el fondo del mar,
sin poder salir a respirar.

Como si quisieran verme infeliz,
el día se nubla a gris,
simulando ser un desliz
hecho por un mago y su aprendiz.

A pesar de ello, no me rindo,
aunque a veces me sienta un niño,
que se ha quedado perdido
a solas buscando cariño.

Así me abraza la soledad,
queriendo pasar su frialdad,
mientras las lágrimas con humedad
me ahogan en una inmensidad.

Parece que el sol no vuelve,
que lo bueno se desvanece,
el tronco del árbol se tuerce,
que mi alma ya no crece.

Y es, en esos momentos,
cuando hay que cambiar de vientos,
volver a escribir otros cuentos,
donde ocurran nuevos eventos.

Volver a cambiar de página,
sentarse frente a la máquina,
retomar la escritura fina,
prepararse para lo que se avecina.

28

No le temo al fuego eterno,
tanto como a mi dolor interno,
que a diario inyecta su veneno
y consume mi yo verdadero.

Se vuelve una lucha constante,
que siento que a veces me abate,
poniendo a prueba mi aguante,
olvidando lo que tengo delante.

Camino al borde del abismo,
buscando un poco de optimismo,
tratando de creer en mí mismo,
y así alejarme del cinismo.

Y, aunque parece que no salgo fuera,
me guío por medio de una hoguera,
que he vuelto mi compañera,
para no ser presa de la fiera.

Lucho contra lo que fui,
aprendo de lo que viví,
reinvento lo que sentí
para no olvidarme de mí.

Tal vez el miedo sea grande,
pero no soy ningún cobarde.
Tampoco hago algún alarde,
pues el fuego solo arde.

Sé que todo puede ser distinto
si de colores lo pinto,
siguiendo mi instinto,
alejando cualquier conflicto.

Si bien todo en su momento pasa,
a veces quisiera regresar a casa
con el calor que me abrasa,
pero luego todo se desfasa.

Por eso, sigo en mi trinchera,
peleando mi propia guerra
que, a veces, me exaspera
y, en otras, me quedo en espera.

En ocasiones, me lleno el vaso;
de repente; es un portazo;
algunas, lloro mi fracaso;
otras tantas, solo un llavazo.

Y si ya lo intenté,
pero no lo logré,
de otro modo lo haré,
confiando en que no fallaré.

Y si a acaso mentí,
no lo quise así,
porque tal vez sufrí
por algo que no debí.

Y, aunque cueste trabajo,
sabré que no fue en vano
todo el camino andado
para dejar mi legado.

29

Siempre he pensado que tu legado
es lo que de ti en los demás ha quedado,
así que trata de no ser descuidado,
para, por siempre, ser recordado.

Por supuesto, que sea positivo,
algo que tenga sentido,
y que siempre exista un motivo,
digno de ser seguido.

En el camino, habrá errores.
Sin embargo, no te agobies.
Mejor voltea a ver las flores,
pues vendrán tiempos mejores.

Recuerda hablar con franqueza,
también es parte de tu riqueza.
Desarrolla toda tu grandeza,
pero nunca olvidando tu nobleza.

Escucha con toda tu atención
a quien te habla con emoción,
porque tiene la satisfacción
de contigo mejorar su situación.

Dentro de todo, se vale llorar,
ya que no siempre tocará ganar,
mas nunca dejes de intentar.
El que persevera logra avanzar.

Y si el día se torna gris,
nunca dejes de ser feliz,
pues solo cambia el matiz
quien ve más allá de su nariz.

Así como otros, pide ayuda.
A la cima llega el que suda.
No dejes que te venza una duda,
por mucho que se ponga ruda.

Conviértete en un farol
que alumbre como lo hace el sol,
y no dejes que lo opaque el alcohol
solo por haber fallado un gol.

Deja que de ti hablen.
Los chismes solitos caen.
Mejor que tus actos te respalden
y los negativos se resbalen.

No caigas en juegos tontos.
A ese nivel hay tantos.
Terminarás en amargos tragos,
lamentando aquellos quebrantos.

No dejes de ser fuerte
por mucho que ello cueste.
Puedes ser ejemplo viviente
de lo que es ser valiente.

30

Cómo libero mi mente
cuando me veo de frente,
fingiendo ser fuerte,
nadando a contracorriente.

De dónde sale la fuerza
si siento tanta torpeza,
y da mil vueltas mi cabeza,
perdiendo de a poco la entereza.

Estoy totalmente deshecho,
malherido y maltrecho,
atrapado en un estrecho,
sin corazón en el pecho.

Y, aunque siento mucho frío,
y por dentro estoy vacío,
el agua corre en el río
porque busca su camino.

Dicen que así es mi suerte,
que solo me queda la muerte.
Sin embargo, soy valiente,
porque mi triunfo es evidente.

Así son las envidias,
enterrando fantasías,
malgastando sus vidas,
aparentando alegrías.

Sé que hay algo mejor
que llena mi interior.
Acaso un ser superior
compartiendo su esplendor.

Cuesta trabajo entender
que no todo puedes hacer.
Sin embargo, has de aprender
por donde te tienes que mover.

No debes quedarte parado,
así no hallarás resultado,
te quedarás en medio del vado,
muriendo de a poco ahogado.

31

Esos momentos de dolor
en que te quitabas el sudor,
ahogando en silencio tu voz,
te forjaron en tu interior.

Creías no tener a nadie,
te sentías solo en la calle,
te hacía falta el aire,
hasta que entendiste el detalle.

Giraste un poco la cabeza,
te topaste con mucha grandeza,
personas compartiendo su fuerza
para que salieras con entereza.

Y, aunque seas egoísta,
nunca las pierdas de vista.
Te ayudan a aterrizar en la pista,
cuando no encuentras una arista.

Si bien duró un instante,
y parecías no salir avante,
lograste poder forjarte,
para seguir adelante.

Recuerda en los tiempos violentos
a quienes te dieron sustento,
algunas palabras de aliento,
a luchar contra el viento.

Sé humilde y acepta
ayuda para encontrar la respuesta,
pues poca gente se presta
a empujarte en una cuesta.

Disfruta cada día al salir,
nunca es tarde para vivir,
caso opuesto al morir,
pues no sabes cuándo dejarás de existir.

Procura dejar lo doloroso,
es como un tiempo lluvioso,
pasará y viene lo grandioso,
un campo verde maravilloso.

Cura de a poco la herida,
y, aunque duele cada mentira,
no olvides que aún hay vida
después de una mañana fría.

32

Y aunque sé que no voy invicto
y en ocasiones me siento convicto,
a triunfar soy un adicto,
además de que así está pre-escrito.

Y, aunque a veces me siento basura,
y el vacío por dentro me abruma,
trato de no perder la cordura,
porque algo sé que perdura.

Y, aunque dudo de mi suerte,
juego mis cartas con la muerte
para mostrarle que soy fuerte
ante su abrazo frío e inerte.

Y, aunque a veces no sale un amigo,
sé que aún cuento conmigo,
que puedo hallar buen cobijo,
si confío en mí mismo.

Y, aunque no ha sido fácil,
procuro ser más ágil,
para no volverme frágil
o terminar siendo volátil.

Y, aunque parezca perder la razón,
no vivo un día sin una emoción
que quite de en medio la frustración
de no haber sido antes mejor.

Y, aunque parezca que esto acabe,
o sienta que me desangre,
y que dentro el pecho arde,
no habrá sido en balde.

Y, aunque nada llegue a pasar,
y tenga que volver a empezar,
de cero lo vuelvo a comenzar
para saber que tengo que reparar.

Y, aunque se quede en un sueño,
del tiempo no soy dueño,
pero habré prendido el leño,
que hará que se vuelva eterno.

33

Para algunos soy soberbio,
para otros un misterio,
dejaré que hable mi silencio
mientras construyo mi imperio.

Tal vez no me sobra nada,
no vivo un cuento de hadas,
y, aunque sé que todo acaba,
no habré de bajar la mirada.

Escucho una risa infantil
diciendo: «Aún eres útil,
deja de lado el misil
y cambia la bandera del mástil».

Puede que me sienta triste,
es algo que en todos existe,
pero no es algo que me limite
o que a la soledad invite.

No importa que eso duela
porque, al gastar la suela,
habré visto lo que queda
para marchar sobre rueda.

Si siento que no avanzo
es porque tal vez me canso,
pero continúo con el flechazo
de que no habrá sido en vano.

El sudor de mi frente
me dice que lo intente,
que sea más valiente
y no será cosa de suerte.

Si siento que el dolor me quema,
o, vencido a la luz de una vela,
escupo para sacar la flema
y apagar así la hoguera.

Si el frío causa vacío
y en el sol hay hastío,
saco mi resto de poderío,
para sentir que no soy efímero.

34

Cuando te sientas en un iglú,
o parezca que te hacen vudú,
levántate con más ímpetu
fortaleciendo entero tu espíritu.

Es normal sentir un bajón,
no pises con miedo el escalón,
puede ser solo un tropezón,
mas no implica tu perdición.

Si sientes que se acaba la espera,
no dudes y sal fuera,
recuerda que el mundo es una esfera
y te llevará en dirección certera.

Ten claro tu destino,
aunque no parezca rumbo fijo,
pues puede ser un acertijo,
o solo haber errado el tino.

No importa que sea un desastre
después de romper el traste
por el cual al ruedo entraste,
y a la experiencia te aventuraste.

No importa que hablen de ti
o que te digan algo de mí,
tú solamente sé feliz,
vive y deja a los demás vivir.

Envidias habrá muchas,
pero no tienen que ser tuyas,
deja que fluyan solas
y concéntrate en tus cosas.

No puedes a todos dar gusto,
pudiera ser algo injusto
que te lleves de gratis un susto,
o acaso, tal vez, un insulto.

Es mejor tener serenidad
y vivir con tranquilidad,
a sucumbir en la ansiedad
o en el miedo a la inseguridad.

35

Y entonces te das cuenta
de que has salido de la tormenta,
superaste esa afrenta,
y estás otra vez de vuelta.

No siempre sale como quieres,
mas nunca te desesperes.
Si no luchas, no aprendes,
y es mejor que te superes.

Cada error es un maestro
más sabio que un acierto,
porque aprendes más que el resto
acerca de un camino incierto.

Y si parece que no sale nada,
nunca agaches la mirada,
tampoco la dejes desviada,
para que no te distraiga.

A veces, sangrará el corazón;
en otras, te guiará la razón;
otras más, ganará la desilusión,
pero nunca pierdas la concentración.

Rodéate de quienes te apoyen,
aléjate de los que te presionen,
porque ellos no te conocen
y puede que te abandonen.

Ocúpate de las dudas;
pueden ser amigas futuras.
Te ayudarán si las usas
para evadir las excusas.

No des todo por hecho,
siempre queda un trecho
que te puede dejar sin techo,
si no caminas derecho.

Siempre habrá más opciones.
Separa los miedos de las pasiones,
que vendrán tiempos mejores
para disfrutar de emociones.

36

Deja que las marcas hablen de mí,
que te cuenten cómo sufrí,
o la manera en que viví,
lo mucho o poco que fui.

Hasta dónde fue que logré,
o cuánto me atemoricé,
qué fue lo que dejé,
o cómo me sentencié.

Si aún hay camino por andar,
alguna aventura que cruzar,
un desierto al cual sortear,
o si habrá ganado el azar.

Qué es lo que por dentro llevo,
cuánto es lo que dejo,
si valió la pena el tiempo,
o si aún queda otro momento.

La forma en que me perdí,
lo que hay de mí en ti.
El corte que dejó el bisturí,
aquel día en que hui.

Las veces que sangré,
las heridas que cerré,
las batallas que gané,
los besos que desperdicié.

Hubo días en que me puse a llorar,
otros más tuve que rezar,
para los problemas de cara enfrentar,
y no tener suspiros que ocultar.

Darle vida al sufrimiento,
pelear con el remordimiento,
creer que todo es tormento,
matar de a poco el arrepentimiento.

Sentir que el alma se parte,
no ver lo que hay delante,
entrar en un eterno trance,
donde ya no hay otro instante.

37

Fue al borde del precipicio,
dialogando con mi vicio,
aferrado a un pequeño resquicio,
cuando hice mi último sacrificio.

Le planté cara al problema,
lo quise ver desde fuera,
para que no agobie la pena,
ni sentir cómo me quema.

Parecía una ilusión,
algo carente de razón,
y, aun así, tenía la impresión
de que acabaría con mi emoción.

Me sentía valiente
como todo un jinete,
apostando a la suerte
que no fuera mi muerte.

Parecía ir todo bien.
Ganarme, no había quién.
El sudor corría por mi sien,
el viento soplaba también.

De pronto, volvía la realidad,
con fiereza su frialdad,
era el momento de la verdad,
me abrumaba la humedad.

En eso, algo me dijo:
«Olvidaste tu crucifijo,
y aquí no hay suelo fijo,
ni vas a tener cobijo».

«¿Acaso crees que me conoces?»,
les contesté a esas voces.
«Puede que te equivoques,
porque ya no soy el de entonces»,
cuando venías aquellas noches.

«Has llegado a tu fin»,
me dijeron en tono ruin.
«No puedes salir del hollín,
que te tiene en un botellín».

«Si nunca hiciste nada en vida,
qué te hace creer que tengo envidia
de lo que fue tu salida…
Una botella de tequila».

«Siempre te acobardaste,
en el punto importante
y solo te encerraste
en tu mundo asfixiante».

«Qué hiciste de bueno
durante todo este tiempo
si no fuiste sincero
cuando tenías que serlo».

«Sientes que fuiste feliz
cuando eras solo aprendiz,
y que lo escrito por tu lápiz
nunca vio más allá de tu nariz».

Me quedé pensando en el tema.
«Es cierto, tengo más de un problema,
pero, de no haber sido por esa merma,
no estaría sacando toda esta flema».

«No vengo buscando perdón,
tal vez ni con una reencarnación,
pero aún tengo una salvación,
y es entregar este don».

«El pasado es algo que ya fue
y a lo que probablemente me até.
Sin embargo, ahora ya sé
que puedo vivir con él».

«No es algo que pueda cambiar,
pero el futuro puedo mejorar,
y si ahora voy a llorar
será porque me logré superar».

«Tienes coraje, lo reconozco»,
diciéndolo en tono tosco.
«Hasta siento que me parezco
al tipo que ahora aborrezco».

«Será el último chance.
No te quedes en el trance.
Mejor aprovecha el pase
antes de que te atenace».

Salí corriendo del idilio,
alejándome del vacío,
para no sentir el filo,
de aquel momento tan frío.

De pronto, al despertar
y sentir el tiempo avanzar,
supe que había que empezar
una nueva historia por narrar.

Lecturas recomendadas

Volver a sonreír (José Araya)

Sentimientos (María Laura Bove)

Ave Fénix. Poesía inspirada (Adrián Cerrato Quintana)

9 786125 112354